LA VIE D'ICI-BAS

Ses Bienfaits et Ses Dangers

Ibn Qudama

ISBN : 978-1-952608-10-0
www.muslimlife.fr
contact@muslimlife.fr

Votre livre gratuit

Pour vous remercier de votre achat, nous souhaitons vous offrir une copie gratuite en version PDF de notre livre :

« La Guérison des Âmes »

Accédez à la page ci-dessous pour l'obtenir :
https://www.muslimlife.fr/guerison-des-ames-offert/

Bonne lecture !

L'équipe de MuslimLife.

Table des matières

Chapitre 1 :
Le blâme de ce bas monde

De nombreux versets du Coran blâment la vie d'ici-bas, appellent à l'ascétisme et à mener une existence simple.

Allah a dit (traduction relative des versets) :

« On a enjolivé aux gens l'amour des choses qu'ils désirent : femmes, enfants, trésors thésaurisés d'or et d'argent, chevaux marqués, bétail et champs; tout cela est l'objet de jouissance pour la vie présente, alors que c'est près d'Allah qu'il y a bon retour.

Dis : «Puis-je vous apprendre quelque chose de meilleur que tout cela ? Pour les pieux, il y a, auprès de leur Seigneur, des jardins sous lesquels coulent les ruisseaux, pour y demeurer éternellement, et aussi, des épouses purifiées, et l'agrément d'Allah.» Et Allah est Clairvoyant sur [Ses] serviteurs »[1]

« Et la vie présente n'est qu'un objet de jouissance trompeuse. »[2]

« La vie présente est comparable à une eau que Nous faisons descendre du ciel »[3]

---

1 Sourate 3 : La Famille de 'Imran, versets 14-15
2 Sourate 3 : La Famille de 'Imran, verset 185
3 Sourate 10 : Jonas, verset 24

« Sachez que la vie présente n'est que jeu, amusement, vaine parure »[1]

« Et tout cela ne serait que jouissance temporaire de la vie d'ici-bas, alors que l'au-delà, auprès de ton Seigneur, est pour les pieux. »[2]

« Écarte-toi donc, de celui qui tourne le dos à Notre rappel et qui ne désire que la vie présente. Voilà toute la portée de leur savoir. »[3]

En ce qui concerne les ahadiths, Al-Mastur Ibn Shaddad, rapporte que le Messager d'Allah (paix sur lui) a dit :

« Ce bas monde, comparé à l'au-delà, est à l'exemple de l'un d'entre vous qui trempe son doigt dans l'océan, le retire et constate ce qu'il reste [sur son doigt]. »[4]

Dans un autre hadith :

« Ce bas monde est la prison du croyant et le paradis du mécréant. »[5]

Et dans un autre hadith :

« Si ce bas monde valait ne serait-ce que l'aile d'un moustique pour Allah, Il n'aurait pas même donné une gorgée d'eau au mécréant. »[6]

---

1 Sourate 57 : Le Fer, verset 20
2 Sourate 43 : L'Ornement, verset 35
3 Sourate 53 : L'Étoile, versets 29-30
4 Rapporté par Muslim
5 Rapporté par Muslim
6 Rapporté par Al-Tirmidhi qui l'a jugé authentique.

Dans un autre hadith encore :

« Ce bas monde est maudit, ce qu'il contient est maudit sauf ce qui est dédié à Allah. »[1]

Abu Moussa rapporte que le Prophète (paix sur lui) a dit :

« Celui qui aime sa vie d'ici-bas souffrira dans sa vie d'après et celui qui aime sa vie d'après souffrira dans sa vie d'ici-bas. Favorisez donc ce qui est éternel par rapport à ce qui est éphémère. »[2]

Al-Hassan écrivit une longue lettre à 'Umar Ibn 'Abd Al-'Aziz dans laquelle il blâma ce bas monde :

"Certes, ce bas monde est un lieu de départ et non pas un lieu de résidence.

Adam n'y fut descendu qu'en guise de châtiment. Prends donc garde à lui, Ô Commandeur des Croyants.

Les provisions qu'on y trouve doivent être délaissées, et le contentement réside dans le fait d'en être pauvre.

Ceux qui l'honorent sont humiliés. Ceux qui tentent de l'amasser sont appauvris, à l'image de celui qui boit du poison sans savoir ce dont il s'agit. Prends donc garde à cette demeure trompeuse, illusoire et fourbe.

Si le Créateur n'avait donné aucune information à son sujet et n'avait fait aucune parabole le concernant, sa réalité aurait quand même éveillé l'endormi et alarmé l'insouciant.

---

1 Rapporté par Abu Nu'aym. Jugé faible par Al-Albani.
2 Rapporté par Ahmad. Jugé faible par Al-Albani.

Que dire alors du fait qu'Allah l'ait mentionné dans un contexte de réprimande ?! Ce bas monde n'a aucune valeur auprès d'Allah et Il ne l'a pas regardé depuis qu'Il l'a créé.

Les clés et les trésors de ce monde furent proposés à notre Prophète (paix sur lui) et il ne les a pas acceptés. Plutôt, il détestait aimer ce que son Créateur détestait, ou élever ce dont Allah a rabaissé le possesseur.

Allah l'a éloigné des vertueux et l'a étendu à Ses ennemis dupes. Le dupe est celui qui considère qu'en avoir possession est un honneur, oubliant ce qu'Allah a fait avec le Prophète (paix sur lui) lorsqu'il (paix sur lui) attachait une pierre à son ventre.[1]

Par Allah, personne n'a reçu ce bas monde sans que son intelligence ne s'en aille et que sa vue ne se brouille."

Malik Ibn Dinar a dit : « Craignez la sorcière [c'est-à-dire ce bas monde], car elle ensorcèle les cœurs des savants. »

Yunus Ibn 'Ubayd a dit : « Ce bas monde a été comparé à un homme endormi rêvant à la fois de ce qu'il aime et de ce qu'il déteste, puis se réveillant voyant cela. »

Certains ont dit : « Les gens sont endormis et deviennent attentifs lorsqu'ils meurent. »

C'est-à-dire qu'ils deviennent attentifs à la mort, n'ayant plus rien dans leurs mains qui les rendent joyeux.

On rapporte que [le Prophète] Jésus (paix sur lui) vit ce bas monde sous la forme d'une vieille femme sans dents, mais dotée de parures.

---

1 Rapporté par Al-Boukhari

Il lui dit : « Combien de fois as-tu été mariée ? ».
Elle répondit : « J'ai maintenant perdu le compte. »
Il dit : « As-tu survécu à chacun d'entre eux ou t'ont-ils tous divorcée ? »
Elle répondit : « Je les ai plutôt tous tués ! »
Jésus (paix sur lui) dit : « Comme sont misérables tes époux ! Comment n'ont-ils pas tiré de leçons de ce qui est arrivé à tes ex-époux précédents ? Tu les as détruits l'un après l'autre et ils n'ont pourtant prêté aucune attention à cela ! »

On rapporte qu'Ibn 'Abbas (qu'Allah l'agréé) a dit :
'Ce bas monde viendra le Jour du Jugement sous la forme d'une femme d'âge moyen aux dents noires et à l'apparence hideuse.
Il sera dit : « Savez-vous de quoi il s'agit ? »
Ils répondront : « Nous cherchons refuge auprès d'Allah contre le fait de savoir ce que c'est. »
Il sera dit ensuite : « Il s'agit du bas monde pour lequel vous vous disputiez, pour lequel vous rompiez les liens de parenté, pour lequel vous faisiez preuve d'animosité, pour lequel vous faisiez preuve de haine et à cause duquel vous avez été trompés ! »
Elle partira ensuite pour le Feu et dira : « Ô mon Seigneur, où sont mes adeptes ? »
Allah dira : « Mettez ses adeptes avec elle. » »

Abu Al-'Ala rapporte :
« J'ai vu en rêve une vieille femme qui portait toutes sortes de maquillages et de parures. Les gens l'entouraient avec admiration.
Je dis : « Malheur à toi, qu'es-tu ? »
Elle répondit : « Ne me reconnais-tu pas ? »
Je dis : « Non. »
Elle dit : « Je suis ce bas monde. »
Je dis : « Je cherche refuge auprès d'Allah contre ton

mal. »

Elle dit : « Si tu aimes vraiment chercher refuge contre moi et mon mal alors, déteste le dirham. » »

Certains ont dit : « J'ai vu en rêve une vieille femme laide. »

D'autres ont dit :

« Sache que ta condition est composée de trois étapes :

La première est lorsque tu n'étais que néant, avant ton existence.

La seconde est l'heure de ta mort, à partir de laquelle ton existence sera éternelle. Tu demeureras alors, après avoir quitté ton corps, soit au Paradis, soit en Enfer.

La troisième est ta vie d'ici-bas, elle n'est rien en comparaison des deux étapes mentionnées précédemment, elle est moindre qu'un clignement des yeux. »

Quiconque voit ce bas monde sous cet angle en sera détaché. Il ne s'inquiètera pas de la manière dont ses jours se déroulent, que ce soit dans la difficulté et la contrainte ou dans le confort et l'aisance.

Le Prophète (paix sur lui) a dit :

« Qu'ai-je à faire de ce bas monde ? Je n'y suis que tel un cavalier qui s'abrita à l'ombre d'un arbre, s'y reposa un peu puis s'en alla. »[1]

Jésus (paix sur lui) a dit : « Ce monde est un pont, donc traversez-le et ne vous y installez pas. »

Cet exemple est explicite, car la vie d'ici-bas n'est qu'un

---

1 Rapporté par Al-Tirmidhi. Jugé authentique par Al-Albani.

pont vers l'au-delà. Elle n'est que le premier chemin vers le second chemin qui se situe à la fin du pont et qui est l'au-delà.

Certains ne traversent que la moitié du pont, d'autres un tiers, et d'autres restent sur lui sans faire un pas, complètement insouciants.

Quant à ceux qui s'arrêtent sur le pont pour y bâtir une maison, ils sont les plus ignorants et les plus idiots.

Il fut dit : « Celui qui recherche ce bas monde est tel celui qui boit l'océan. Plus il boit, plus sa soif augmente jusqu'à le tuer. »

L'un des Pieux Prédécesseurs a dit un jour à son compagnon : « Viens, je vais te montrer ce bas monde. »

Il l'emmena dans une décharge pleine de déchets et dit : « Contemple ses fruits, ses volailles, son miel et sa graisse ! »

Dans les deux *Sahihs*, Abu Moussa (qu'Allah l'agrée) rapporte :

« Le Messager d'Allah (paix sur lui) a dit :

« Moi et ce qu'Allah a envoyé avec moi sommes tel un homme qui va vers son peuple en disant :

« Ô gens, j'ai vu une armée de mes yeux et je suis un avertisseur explicite pour vous. »

Un groupe parmi eux lui obéit et s'en va au début de la nuit. Ils sont donc sauvés.

Un autre groupe le renie. Ses membres se retrouvent anéantis dans leurs maisons, l'armée prenant leurs places.

Cet exemple est à l'image de ceux qui m'obéissent et suivent ce avec quoi je suis venu, et à l'image de ceux qui me désobéissent et renient la vérité avec laquelle je suis

venu. » »[1]

1 Rapporté par Al-Boukhari & Muslim.

Chapitre 2 :

La réalité de ce bas monde, ses côtés blâmables et louables

Nombreux sont ceux ayant entendu parler du blâme total de ce bas monde. Ils ont donc cru qu'il s'agissait d'une invitation à se détourner de ce qui a été créé dans le but de profiter aux gens, comme la nourriture et la boisson.

Allah a placé dans les âmes des gens un désir pour ce qui leur est profitable. Cependant, certains privent leur âme de cela pensant faire preuve d'ascétisme tout en ignorant les droits de celle-ci. C'est l'attitude que de nombreux soi-disant ascètes ont adoptée à cause de leur manque de savoir.

Néanmoins, nous allons, sans crainte, énoncer la vérité en disant :

Sache que ce bas monde est un ensemble constitué de certains éléments qui existent pour être profitables aux gens.

Citons par exemple la terre et tout ce qu'elle comporte. Elle est une demeure de résidence pour les humains et contient vêtements, nourritures, boissons et mariages. Tout cela assiste l'humain dans son voyage vers Allah.

Donc, est loué quiconque prend de ces choses une part correspondant à ce qui lui est utile et qui a été légiféré.

En revanche, quiconque prend une part plus grande que ce dont il a besoin tombera dans le blâmable, et passera du profit à la nuisance. Il deviendra distrait de la recherche de l'au-delà.

Il ne faut pas non plus négliger de prendre ce qui est nécessaire. Le chemin correct est donc la voie médiane : prendre de ce bas monde ce dont on a besoin comme provisions pour le voyage même s'il s'agit de choses désirables.

Donner à l'âme ce qu'elle désire est une aide envers elle et un acquittement de ses droits.

Sufyan Al-Thawri mangeait de ce qui lui plaisait et emportait des mets succulents avec lui en voyage.

Ibrahim Ibn Adham mangeait parfois de bons repas et disait : « Si nous trouvons [à manger], alors nous mangeons comme les hommes le font, et si nous ne trouvons pas, alors nous patientons comme le font les hommes. »

Méditons sur la biographie du Messager d'Allah (paix sur lui) et de ses Compagnons. Ils ne furent ni excessifs dans la consommation de ce bas monde ni négligents envers les droits de leurs âmes.

Chapitre 3 :
Le blâme de l'avarice, de la convoitise et de l'avidité

Sache que les biens ne sont pas blâmés en tant que tels. Plutôt, le blâme apparaît lorsque l'Homme les utilise d'une mauvaise manière, en faisant preuve de convoitise, à travers une consommation effrénée, en les thésaurisant ou en s'en vantant.

Pour cette raison, Allah a dit :

« Et sachez que vos biens et vos enfants ne sont qu'une épreuve »[1]

Dans les Sounans de Tirmidhi, on trouve que le Prophète (paix sur lui) a dit :

« Deux loups affamés envoyés au sein d'un troupeau de moutons sont moins dangereux que l'est, envers sa religion, la convoitise d'une personne pour les biens et les hauts rangs. »[2]

Les Pieux Prédécesseurs craignaient la tentation des biens. Lorsque 'Umar (qu'Allah l'agrée) voyait [le butin] des conquêtes, il pleurait.

---

1 Sourate 8 : Le Butin, verset 28
2 *Sahih Al-Tirmidhi*

Yahya Ibn Mu'adh a dit : « Le dirham est un scorpion. Donc si tu ne peux pas le tenir correctement, ne le touche pas, sinon il te piquera et son poison te tuera. »

On lui demanda : « Comment le tenir correctement ? »

Il répondit : « Gagne-le licitement et dépense-le de manière appropriée. »

Il a également dit : « Il y a deux calamités dont les créatures ne connaissent pas de semblables, qui tombent sur le serviteur lorsqu'il meurt et qui concernent ses biens. »

On lui demanda : « Lesquelles sont-elles ? »

Il répondit : « Tout lui est retiré et il sera interrogé sur tout. »

Chapitre 4 : L'aspect louable des biens

Nous avons expliqué que les biens ne sont pas blâmables en tant que tels. Ils sont plutôt louables, car ils constituent des moyens d'obtenir des bienfaits dans la religion et dans la vie d'ici-bas.

Allah les a nommés comme étant « bien » (« khayr ») et Allah a dit au début de la Sourate « Les Femmes » :

« Et ne confiez pas aux incapables vos biens dont Allah a fait votre subsistance. »[1]

Sa'id Ibn Al-Musayyib a dit : « Il n'y a aucun bien chez celui qui n'acquiert pas son argent de manière licite dans le but de se protéger de [mendier] auprès des gens, ou de maintenir les liens de parenté, ou d'en acquitter le droit dû. »

Abu Ishaq Al-Sabay'i a dit : « Ils (les Pieux Prédécesseurs) voyaient l'abondance de biens comme un soutien dans la religion. »

Sufyan a dit : « Les biens et les richesses sont, à notre époque, les armes du croyant. »

En conclusion, les biens et les richesses sont tel un serpent doté à la fois d'un poison et d'un remède. Quiconque est capable de séparer le poison et de s'en protéger pourra bénéfi-

1 Sourate 4 : Les Femmes, verset 5.

cier du remède.

Quant aux avantages des biens et des richesses, ils se divisent en bienfaits religieux et bienfaits mondains.

Les bienfaits mondains : ils sont connus des gens, d'où le fait qu'ils anéantissent leurs propres personnes en essayant de les acquérir.

Les bienfaits religieux : ils se divisent en trois catégories.

Première catégorie : dépenser pour soi, que ce soit pour l'adoration en elle-même comme dans le cas du pèlerinage ou de la dépense dans le sentier d'Allah, ou que ce soit dans ce qui aide à l'adoration, comme la nourriture, les vêtements, le logement ainsi que les autres nécessités de la vie.

Si ces besoins ne sont pas remplis, le cœur ne sera pas libre de se concentrer sur la religion et les adorations. Or, tout ce qui complète une adoration devient lui-même un acte d'adoration.

Ainsi, prendre une part suffisante de ce monde dans le but d'en faire un soutien pour la religion fait partie des bienfaits religieux.

Les bienfaits superflus et les besoins non essentiels ne sont pas inclus ici, car ils font partie des jouissances mondaines.

Deuxième catégorie : ce que l'on dépense pour les autres et cela se divise en quatre éléments.

Premier élément : l'aumône. Ses vertus sont nombreuses et bien connues.

Deuxième élément : la civilité. Cela désigne les dépenses faites pour accueillir, offrir des cadeaux et du soutien aux riches et aux notables. Il existe un bienfait religieux en cela, car le serviteur d'Allah y gagne des frères et des amis.

Troisième élément : la protection de l'honneur et la dépense dans le combat contre la propagande des poètes et les insultes des idiots, afin d'éliminer leur mal. Il y a un bienfait religieux en cela, car le Prophète (paix sur lui) a dit :

« Tout ce que l'homme dépense pour défendre son honneur est aumône. »[1]

En effet, cela permet d'empêcher le médisant de médire. Cela protège aussi de celui dont les mots contiennent une animosité qui pourrait mener à une vengeance transgressant les limites de la Législation (shari'ah).

Quatrième élément : le salaire donné aux employés en échange de leurs services.

Troisième catégorie : ce qui est dépensé dans le but d'un bénéfice collectif et non pas spécifique à une personne. Par exemple : la construction de mosquées, de ponts et les dons inaliénables.

Voilà certains avantages religieux des biens, sans compter ce dont l'utilité se concrétise ici-bas, comme la préservation de l'humiliation de la mendicité, de la honte de la pauvreté, le fait d'être honoré parmi les gens, ainsi que respecté et estimé.

Quant aux inconvénients des biens et des possessions, ils se divisent également en inconvénients religieux et mondains.

---

1 Rapporté par Haythami qui juge l'un des transmetteurs faibles.

Ils conduisent leur propriétaire à tomber dans la désobéissance, au point qu'il finisse éventuellement par appeler à elle. Les biens confèrent un pouvoir qui peut inciter à la désobéissance. Être éprouvé par l'aisance est donc pire qu'être éprouvé par la pauvreté.

Ils amènent leur propriétaire à rechercher les plaisirs permis au point que cela devienne une addiction dont il ne peut se passer. Il pourrait aussi ne pouvoir en jouir qu'en tombant dans le douteux, le compromis ou l'hypocrisie, car celui qui a plus d'argent fréquente plus de gens [qui pourraient ne pas être vertueux]. S'il les fréquente, il ne sera pas à l'abri de l'hypocrisie, l'hostilité, la jalousie et la médisance.

Ils éloignent du rappel d'Allah. Personne n'est à l'abri de cela. Il s'agit d'une maladie incurable. En effet, la base des actes d'adorations est le cœur libre de méditer sur la Gloire d'Allah et Sa Grandeur.

Or, celui qui possède de nombreuses possessions se lève en pensant à ses concurrents dans le commerce, à leurs finances et à leurs plans. Il réfléchit aux désaccords avec ses associés et à la façon dont les autorités vont le taxer, ce qui affectera ses biens et d'autres choses semblables.

Le commerçant s'endort et se réveille en pensant constamment à la prochaine personne qui va le trahir, à ses associés, à la manière de diminuer son travail et à comment dépenser plus d'argent.

C'est le cas à tous les niveaux de richesses et de possessions, car même celui qui a amassé une grande fortune s'inquiète de la façon dont il va la protéger à cause de sa peur de la perdre.

Celui qui possède ce qui lui suffit pour la journée est protégé de tout cela et n'est pas touché par la peur, l'affliction, l'inquiétude, la préoccupation et la fatigue qui tombent sur les riches et les fortunés de ce bas monde.

Chapitre 5 : Le blâme de la convoitise et de l'avidité

Sache que la pauvreté est louable. Cependant, le pauvre doit faire preuve de contentement et s'éloigner de l'avidité. Il ne doit ni être intéressé par ce que les autres possèdent ni convoiter d'accumuler des biens. Seul le fait de se contenter du strict minimum en matière de nourriture et de vêtements peut lui permettre d'y arriver.

Il est rapporté dans *Sahih Muslim,* d'après 'Abdullah Ibn 'Amr Ibn Al-'As (qu'Allah les agréés), que le Messager d'Allah (paix sur lui) a dit :

« Celui qui a accepté l'Islam, qui a été doté de ce qui lui suffit et qui est satisfait de ce qu'Allah lui a donné a certes réussi »[1]

Dans le hadith de Jabir (qu'Allah l'agréé), le Prophète (paix sur lui) a dit :

« Le contentement est une richesse qui ne se dilapide jamais. »[2]

---

1 Rapporté par Muslim

2 Rapporté par Al-Bayhaqi. La chaîne de transmission comporte deux transmetteurs faibles.

[Le Prophète] Soulayman Ibn Dawud (paix sur eux) a dit : « Nous avons connu la vie sous toutes ses formes, de l'aisance à la difficulté, et nous avons conclu que son minimum est suffisant. »

Abu Hazim a dit : « Celui d'entre vous qui possède trois choses a complété son intelligence : il connaît sa propre personne, il préserve sa langue et il se contente de ce qu'Allah lui a donné. »

Quant à l'avarice, le Prophète (paix sur lui) l'a interdit en disant :

« Ô gens, soyez modérés dans votre quête [de subsistance], car le serviteur ne gagne rien d'autre que ce qui a été écrit pour lui. »[1]

Certains ont dit :

« Si l'on avait demandé à l'avidité : « Qui est ton père ? »
Elle aurait répondu : « Le doute dans le Décret Divin. »
Et si on lui avait demandé : « Quel est ton métier ? »
Elle aurait répondu : « Acquérir l'humiliation. »
Et si on lui avait demandé : « Quel est ton objectif ? »
Elle aurait répondu : « La privation. » »

Il a été dit :

L'avidité humilie les princes
Et le désespoir honore le pauvre

1 Rapporté par Al-Bayhaqi avec une chaîne de transmission authentique.

Chapitre 6 : Le remède à la convoitise et à l'avidité

Sache que ce remède se compose de trois piliers : la patience, le savoir et l'action.

Cela couvre cinq éléments :

Premièrement : économiser sa subsistance et dépenser de manière frugale. On doit se suffire de la nourriture disponible, d'un peu de boisson et d'un vêtement. Il convient de s'accoutumer à cela autant que possible et d'encourager sa famille à également adopter ce train de vie modeste.

Le Prophète (paix sur lui) a dit :

« Économiser représente la moitié de la vie. »[1]

Dans un autre hadith :

« Trois choses sont source de salut : craindre Allah en secret et en public, faire preuve de modération dans l'aisance et dans la pauvreté, et faire preuve de justice que l'on soit heureux ou en colère. »[2]

---

1 Rapporté par Al-Qada'i avec une chaîne de transmission faible.
2 Rapporté par Al-Tabarani. Jugé bon par Al-Albani.

Deuxièmement : si l'on possède ce qui suffit, il ne faut pas être préoccupé par l'avenir. Ne pas avoir d'espoirs lointains aide en cela, en parallèle au fait d'être convaincu que la subsistance viendra d'une manière ou d'une autre, et en sachant que le diable veut faire craindre la pauvreté.

Le Prophète (paix sur lui) a dit :

« Allah a voulu accorder la subsistance à Ses serviteurs croyants de là où ils ne s'y attendent pas. »[1]

Troisièmement : connaître l'honneur de l'indépendance résultant du contentement, ainsi que l'humiliation résultant de l'avidité et de l'avarice.

Le contentement implique seulement de patienter face aux ambiguïtés et au superflu. C'est grâce à cela que la récompense de l'au-delà s'obtient. Quiconque ne protège pas sa personne de ses désirs est faible d'esprit et possède une foi déficiente.

Quatrièmement : souvent méditer sur la vie aisée des Juifs, des Chrétiens, des gens vils et des insensés. Méditer ensuite sur la condition des Prophètes, des alliés [d'Allah] et des vertueux. Écouter leurs récits et lire sur ce qu'ils étaient. Ensuite, se décider et choisir entre les vils et les créatures pures auprès d'Allah. Patienter en ayant peu deviendra alors facile. Celui qui aime la nourriture, les animaux mangent plus que lui, et celui qui aime les relations sexuelles, les moineaux se reproduisent plus souvent que lui !

Cinquièmement : comprendre le danger lié à l'accumulation des biens, comme nous l'avons mentionné précédem-

---

1 Rapporté par Al-Suyuti avec des chaînes de transmission très faibles.

ment concernant les mauvais côtés des richesses. On doit se tourner vers la récompense de la pauvreté et ajouter à cela le fait de toujours regarder ceux qui sont en dessous de soi dans la vie d'ici-bas et ceux qui sont au-dessus en matière de religion.

Cela a été mentionné dans le hadith rapporté par Muslim dans lequel le Messager d'Allah (paix sur lui) a dit :

« Regardez ceux qui sont en dessous de vous et ne regardez pas ceux qui sont au-dessus, car cela est mieux afin que vous ne méprisiez pas les bienfaits d'Allah sur vous. »[1]

Pour conclure, il s'agit en réalité de faire preuve de patience et d'avoir de courts espoirs ; de savoir que l'objectif de cette patience ici-bas consiste à attendre quelques jours dans le but d'un bonheur éternel. Cela à l'exemple du malade qui patiente face à l'amertume du remède dans l'espoir de guérir [à long terme].

1 Rapporté par Muslim.

Chapitre 7 :
Les mérites de la générosité

Celui qui est dépourvu de biens doit faire preuve de contentement, comme nous l'avons mentionné.

Celui qui en possède doit, quant à lui, être généreux, donner préférence aux autres et agir en bien. La générosité est une qualité des prophètes et fait partie des bases de l'obtention du salut.

Jabir (qu'Allah l'agréé) rapporte que le Prophète (paix sur lui) a dit :

« Gabriel (paix sur lui) a dit :
« Allah a dit : « L'Islam est une religion que J'agréé pour Moi-même. Elle ne se corrige que par la générosité et le bon comportement. Honorez-Moi donc par ces qualités... »[1]

Dans un autre hadith :

« Le Paradis est la demeure des généreux... »[2]

Anas (qu'Allah l'agréé) rapporte que le Messager d'Allah a dit :

« Ma communauté n'entrera pas au Paradis par son

1 *Al-Da'ifah*. La chaîne de transmission du hadith est faible.
2 Rapporté par Ibn 'Adiyy. Jugé fabriqué par Ibn Al-Jawzi.

jeûne, mais elle entrera par la générosité de ses âmes, la pureté de ses cœurs, et les conseils donnés aux musulmans. »[1]

Dans un autre hadith :

« Attachez-vous à faire le bien, car il empêche les mauvaises morts. »[2]

---

1 Rapporté par Al-Iraqi. La chaîne de transmission du hadith est très faible.

2 *Silsilah Al-Sahihah.*

Chapitre 8 : Récits d'hommes généreux

Il est rapporté authentiquement que **le Prophète (paix sur lui) était plus généreux que les vents apportant la pluie[1].**

Il ne répondait jamais « Non » lorsqu'on lui demandait quoi que ce soit.[2]

Un homme lui demanda [quelque chose] et il lui donna un mouton. Le même homme revint vers son peuple et dit :

« Ô mon peuple, devenez musulmans ! Certes, Muhammad donne comme celui qui ne craint pas la pauvreté. »[3]

On rapporte que Talhah devait cinquante mille dirhams à 'Uthman. Il se rendit à la mosquée.
Talhah lui dit : « Voici ton argent, prends-le. ».
'Uthman répondit : « Ceci est à toi Ô Abu Muhammad. C'est un soutien à ton intégrité. »

'Urwah a dit : « J'ai vu 'Aishah (qu'Allah l'agréé) distribuer soixante-dix milles [dirhams] pendant qu'elle raccommodait son vêtement. »

1 Rapporté par Al-Boukhari & Muslim
2 Rapporté par Al-Boukhari & Muslim
3 Rapporté par Muslim

Il est aussi rapporté qu'elle a distribué aux gens cent quatre-vingts milles [dirhams] en une seule journée. Arrivée au soir, elle demanda à sa servante de lui apporter du pain et de l'huile.

Umm Durrah lui dit : « Ne pouvais-tu pas nous acheter un peu de viande pour le repas avec l'argent que tu as distribué aujourd'hui ? »

'Aishah (qu'Allah l'agréé) répondit : « Si tu me l'avais rappelé, je l'aurais fait. »

'Abdullah Ibn 'Amir acheta la maison de Khalid Ibn 'Uqbah dont le prix sur le marché était de quatre-vingt-dix mille dirhams. Lorsque la nuit tomba, 'Abdullah entendit la famille de Khalid pleurer.

« Abdullah interrogea les membres de sa famille : « Que leur arrive-t-il ? ».

Ils répondirent : « Ils pleurent leur maison. »

'Abdullah dit : « Ô servant, va les voir et informe-les du fait que la maison et l'argent sont entièrement à eux ! »

Un homme fut envoyé vers 'Abdullah, car il avait entendu parler du lait de ses vaches.

L'homme dit : « Laisse-moi avoir une vache afin que je puisse boire de son lait. »

'Abdullah lui envoya sept-cents vaches et dit : « La ferme d'où elles proviennent est tienne ! »

'Ali Ibn Al-Hassan visita Muhammad Ibn Oussamah Ibn Zayd alors qu'il était malade. Muhammad commença à pleurer.

'Ali Ibn Al-Hassan lui demanda alors : « Que t'arrive-t-il ? »

Muhammad répondit : « Je suis endetté. »

'Ali demanda : « De combien ? »

Muhammad répondit : « Environ dix ou quinze mille dinars. »

'Ali dit : « C'est à ma charge. »

Qays Ibn Sa'd Ibn 'Ubadah tomba malade, mais aucun de ses frères ne le visita.

On lui dit : « Ils ont tous honte de te visiter à cause des dettes qu'ils ont envers toi. »

Il dit : « Qu'Allah avilisse les biens qui empêchent les frères de se visiter. »

Il demanda à quelqu'un de crier publiquement : « Quiconque doit quelque chose à Qays en est libéré. »

Les escaliers de sa maison furent ensuite cassés à cause du nombre de gens qui vinrent le visiter.

Un homme se leva et demanda à Sa'id Ibn Al-'As [de l'argent]. Celui-ci ordonna que soit donné à l'homme cent-mille dirhams. L'homme se mit à pleurer.

Sa'id lui demanda : « Pourquoi pleures-tu ? ».

Il répondit : « Je pleure la terre qui engloutit des hommes tels que toi. ».

Sa'id ordonna ensuite qu'on donne cent mille dirhams supplémentaires à l'homme.

Chapitre 9 :
Le blâme de l'avarice

Abu Sa'id a dit :

« Le Messager d'Allah (paix sur lui) a dit :
« Deux traits de caractère ne se trouvent pas chez le croyant : l'avarice et le mauvais comportement. »[1]

Le Prophète (paix sur lui) a également dit :

« L'avarice et la foi ne se réunissent jamais dans le cœur du serviteur [d'Allah]. »[2]

Le Prophète (paix sur lui) disait également :

« Ô Allah, je cherche refuge auprès de Toi contre la lâcheté et l'avarice. »[3]

Le Prophète (paix sur lui) a dit :

« Trois péchés sont destructeurs : une avarice à laquelle on obéit, un désir suivi et l'admiration d'une personne pour elle-même. »[4]

Al-Khattabi a dit qu'être avare consiste à refuser de don-

1 Rapporté par Al-Tirmidhi. La chaîne de transmission est faible.
2 D'après Abu Hurayrah (qu'Allah l'agréé). *Sahih Al-Nasa'i.*
3 Rapporté par Al-Boukhari.
4 *Silsilah Al-Sahihah.* Jugé bon par Al-Albani.

ner et que cela est pire la pingrerie.

Salman Al-Farissi (qu'Allah l'agréé) a dit :
« Lorsque meurt un généreux, la terre et les anges disent : « Ô Seigneur, pardonne Ton serviteur en raison de sa générosité ici-bas. »
Lorsqu'un avare meurt, la terre et les anges disent :
« Ô Allah, prive ce serviteur du Paradis comme il a privé Tes serviteurs de ce que Tu lui as donné ici-bas. » »

Certains sages ont dit :
« L'avare verra ses biens hérités par ses ennemis. »

Un bédouin blâma certaines personnes en disant à leur sujet : « Ils s'abstiennent de bien agir et se livrent à l'immoralité. »

Chapitre 10 : Récits d'hommes avares

On rapporte d'Ibn 'Abbas (qu'Allah l'agrée) qu'il a dit : « Al-Hajib était un noble parmi les Arabes. Il était toutefois avare. Il n'allumait jamais de feu la nuit afin que personne n'essaie de profiter de la lumière. S'il allumait un feu, puis apercevait quelqu'un en profiter, il l'éteignait ! »

On rapporte que Marwan Ibn Abi Hafsah fut parmi les plus avares des gens. Il sortit un jour afin de rencontrer [Le Calife] Al-Mahdi.

Son épouse lui demanda, avant qu'il ne s'en aille :

« Que me donneras-tu s'il t'offre un présent ? ».

Marwan répondit : « Si l'on m'offre cent mille dirhams, je te donnerais un dirham. »

On lui offrit soixante mille dirhams. Il donna à son épouse quatre sixièmes d'un dirham.

On rapporte que certains avares étaient très riches et avaient pour habitude de vérifier chaque chose en détail. L'un d'entre eux acheta des objets et appela un porteur pour l'aider à les transporter. Il demanda au porteur : « Pour combien peux-tu porter ces affaires ? »

Le porteur répondit : « Pour un dirham. »

L'avare dit : « Peux-tu baisser ton prix ? »

Le porteur répondit : « Qu'est-ce qui est moindre que cela ? Je ne sais pas quoi dire. »

L'avare dit : « Nous pouvons acheter des carottes avec un dirham et les manger ensemble ! »

Chapitre 11 :
Les mérites de l'altruisme

Sache que la générosité et l'avarice sont de différents niveaux.

Le niveau le plus élevé de la générosité et de l'altruisme consiste à donner de tes biens alors que tu en as besoin.

Le pire degré de l'avarice consiste à être avare envers soi-même alors que l'on a un besoin.

Combien d'avares s'accrochent à l'argent au point de tomber malade sans qu'ils ne veuillent dépenser pour acheter des médicaments, ou même ayant une envie, mais s'empêchant de l'assouvir à cause de leur avarice ?

Allah a fait l'éloge des Compagnons du Messager d'Allah (paix sur lui) pour leur altruisme :

« Qui [les] préfèrent à eux-mêmes, même s'ils sont dans le besoin »[1]

La raison de la révélation de ce verset est le célèbre récit d'Abu Talhah qui donna préférence à un homme par rapport à lui-même.

Pendant la Bataille de Yarmuk, 'Ikrimah Ibn Abi Jahl ap-

1 Sourate 59 : L'Exode, verset 8

porta de l'eau et regarda Suhayla Ibn 'Amr [pour lui donner l'eau] qui le regarda à son tour et dit : « Rien de cela. ».

Puis Suhayl regarda Al-Harith qui le regarda à son tour et dit : « Rien de cela ».

Tous ont donné préférence à l'autre par rapport à eux-mêmes au sujet de cette eau. Ils moururent tous avant même d'en boire.

Khalid Ibn Al-Walid (qu'Allah l'agréé) passa près d'eux et dit : « Que mon âme soit donnée pour vous ! »

On offrit un jour une tête de mouton à un Compagnon qui dit : « Mon frère est plus dans le besoin que moi ».

Il la fit alors envoyer à un autre homme. Puis, cet homme la fit envoyer à un autre. Elle passa par sept maisons avant de revenir chez le premier.

'Abdullah Ibn Ja'far se rendit à une palmeraie dans laquelle travaillait un jeune esclave noir.

Au moment où le jeune garçon s'apprêta à manger, un chien s'approcha. Le garçon lui donna une de ses galettes de pain pour que le chien puisse la manger, puis une deuxième, puis une troisième.

'Abdullah Ibn Ja'far observa la scène puis dit :

« Ô jeune garçon, quelle quantité de nourriture récoltes-tu habituellement pour une journée ? »

Le garçon répondit :

« Ce que tu as vu. »

'Abdullah dit :

« Alors pourquoi as-tu préféré tout donner au chien ? »

Le jeune garçon répondit :

« Ce n'est pas un endroit où se rendent les chiens habituellement. Il doit forcément venir de loin et il avait faim, donc je n'ai pas souhaité qu'il s'en aille sans manger quelque chose. »

'Abdullah dit au garçon :

« Mais comment vas-tu faire aujourd'hui [pour te nourrir] ? »

Le garçon répondit :

« Je vais jeûner le reste de la journée. »

'Abdullah ibn Ja'far acheta alors la palmeraie avec tout ce qu'elle contenait, ainsi que le jeune esclave qu'il affranchit et à qui il offrit la palmeraie tout entière en cadeau.

Un groupe de pauvres vertueux s'assit à un endroit. Ils n'avaient que quelques miches de pain dont la quantité était insuffisante pour tous les nourrir. Ils coupèrent le pain, éteignirent les lumières et s'assirent pour manger. Cependant, lorsque la nourriture fut présentée, chacun resta à sa place sans s'approcher pour manger par égard envers ses compagnons.

Chapitre 12 : La définition de l'avarice et de la générosité

Nombreux sont ceux qui ont débattus au sujet de ce qu'est être avare et de ce qu'est la générosité.

Certains ont affirmé que l'avarice consistait à « s'abstenir de donner ce qui est obligatoire. » Ainsi, quiconque s'acquitte de ce qui lui est obligatoire de donner n'est pas considéré comme avare.

Cependant, cela ne suffit pas. En effet, celui qui ne donne rien d'autre aux membres de sa famille que le strict minimum imposé par le gouverneur, puis qui ensuite leur restreint l'accès à tout ce qui est supplémentaire à cela, sera également considéré comme avare.

Donc, ce qui est correct est qu'on se libère de l'avarice en s'acquittant de ce que la Législation Divine et de ce que l'intégrité imposent, tout en ayant un cœur qui consent à ces dépenses.

Quant à ce que la Législation impose, il s'agit de la Zakât et des dépenses pour la famille.

Les dépenses liées à l'intégrité consistent à ne pas restreindre [les membres de la famille et autres]. L'avare retient ce qu'il est inapproprié de retenir. Celui qui ne donne rien de plus [que ce qui a été énoncé] n'est pas décrit comme étant généreux.

Certains ont dit : « Le généreux est celui qui donne sans volonté que l'on fasse son éloge pour cela. »

D'autres ont dit : « C'est celui qui est heureux de donner. »

Chapitre 13 : Guérir de l'avarice

Sache que la source de l'avarice est l'amour des biens.

L'amour des biens est issu de deux causes :

- La première est l'amour des plaisirs qui ne peut être satisfait que par les biens et les espoirs lointains.

- La deuxième est l'amour de la source des biens. On trouve parmi les gens ceux qui possèdent ce qui leur est suffisant pour le reste de leur vie, même si la quantité est petite, mais qui pourtant préfèrent posséder des milliers.

Tu peux voir un vieil homme n'ayant aucun enfant et qui pourtant ne s'acquitte pas de l'aumône ni des autres dépenses obligatoires, même s'il sait très bien que, lorsqu'il mourra, ses biens seront gâchés ou hérités par ses ennemis. Il s'agit d'une maladie dont le remède est difficile à trouver.

Ceci est à l'exemple d'un homme aimant quelqu'un, et qui, lorsqu'il rencontre le messager de cette personne, tombe amoureux de ce dernier et en oublie sa personne bien-aimée. Le monde est tel un messager qui permet d'accéder aux besoins vitaux. Cependant, l'homme aime l'argent et oublie ses besoins. Il s'agit là d'un égarement parmi les pires.

L'amour des plaisirs se guérit par le contentement et la patience. Les espoirs lointains disparaissent par les rappels fréquents de la mort.

Les préoccupations au sujet de l'enfant se traitent en se rappelant que Celui qui l'a créé a également créé sa subsistance. De plus, combien de ceux n'ayant hérité de rien sont dans une meilleure situation que ceux ayant hérité ?

Il convient d'être prudent avec le fait de laisser le bien à sa descendance puis se trouver face à Allah avec le mal. Si l'enfant est vertueux, alors Allah prendra soin de lui. Si l'enfant est mauvais, rien de ce qui l'aide dans la désobéissance ne doit lui être laissé.

L'enfant doit régulièrement entendre ce que nous avons mentionné à propos du blâme de l'avarice et de l'éloge de la générosité.

Sache que si la quantité des choses aimées augmente, la quantité de désastres liés à leur perte augmentera également.

Quiconque prend conscience du danger et de la faille des biens en sera détaché.

Quiconque se suffit à prendre ce qui remplit ses besoins et s'en tient à cela n'est pas un avare.

Et Allah sait mieux.

Chapitre 14 : Le blâme de la célébrité et de l'ostentation

Il a été rapporté que le Prophète a dit :

« Ce que je crains le plus pour ma communauté est l'ostentation et le désir caché. »[1]

Le désir caché affecte même les savants, sans parler des serviteurs d'Allah ordinaires qui sont parfois incapables de le remarquer.

Les savants et les dévots qui tentent de voyager sur le chemin vers l'au-delà, sont éprouvés par cela. En effet, lorsqu'ils ont dompté leurs âmes, ont retenu leurs envies et se sont dévoués aux actes d'adoration, leurs âmes ne tombent pas dans les péchés apparents qui se manifestent par les membres. Ils trouvent plutôt le repos dans la concrétisation de leur savoir et de leurs actes.

Ils ressentent, à travers la difficulté de l'effort, un plaisir dans le fait d'être agréés par les gens et d'être tenus en haute estime. L'âme peut trouver un grand plaisir en cela et se penser sincère envers Allah.

1 Rapporté par Ibn Majah. *Da'if Al-Jami'*. La chaîne de transmission est faible.

Pour cette raison, il a été dit :
« La dernière chose qui quitte la tête des véridiques est l'amour du commandement. ».

Il s'agit d'une maladie latente qui constitue l'un des plus grands pièges que le diable ait tendus aux gens. Par conséquent, il est obligatoire d'en expliquer la raison, ainsi que sa réalité et ses catégories.

Sache que la célébrité est fondée sur l'amour de la réputation et de la renommée. Il s'agit d'un grand danger. La sécurité se trouve dans la discrétion. Les bienfaisants ni ne recherchent à gagner en célébrité, ni ne s'exposent à elle ou à ses causes. Ils la fuient et se réfugient dans la discrétion même lorsqu'elle vient d'Allah.

Il a été rapporté d'Ibn Mas'ud (qu'Allah l'agréé) qu'il a dit, après être sorti un jour de chez lui et étant suivi par un groupe de gens : « Pourquoi me suivez-vous ? Si vous saviez ce que je fais derrière des portes fermées, pas un de vous ne voudrait me suivre ! »

Dans une autre formulation, il leur a dit :
« Repartez ! Car c'est une humiliation pour celui qui suit et une tentation pour celui qui est suivi. »

Lorsque plus de quatre personnes s'asseyaient autour de Abu Al-'Aliyah, il se levait et s'en allait.

Quand les assemblées de Khalid Ibn Ma'dan se remplissaient, il se levait et partait par aversion pour la célébrité.

Al-Zuhri a dit : « Nous n'avons rien vu d'autre dans lequel l'ascétisme était le moins observé que l'amour du commandement. Tu pouvais voir un homme faire preuve d'ascétisme dans sa nourriture, sa boisson et ses vêtements, puis quand il s'agissait du commandement, il se mettait en colère et devenait hostile pour lui. »

Un homme dit à Bishr Al-Hafi :
« Conseille-moi ! »
Bishr répondit :
« Fais que ta nourriture soit licite. »
Puis il ajouta :
« Un homme qui aime que les gens le connaissent ici-bas ne goûtera pas à la douceur de l'au-delà. »

'Umar Ibn Sa'd se rendit chez son père Sa'd qui gardait du bétail à l'extérieur de Médine. Lorsque Sa'd le vit, il dit : « Je cherche refuge auprès d'Allah contre le mal de ce cavalier. »
Une fois arrivé, 'Umar dit :
« Ô père, tu gardes ton bétail et laisses les gens se disputer le pouvoir. »
Sa'd frappa alors la poitrine de 'Umar et dit :
« Tais-toi ! J'ai entendu le Messager d'Allah (paix sur lui) dire : **« Certes Allah aime le serviteur pieux, libéré des désirs et discret. »**[1]

Abu Umamah (qu'Allah l'agréé) a dit :
« Le Messager d'Allah (paix sur lui) a dit :

« Certes, le plus noble de mes alliés est le croyant possédant une petite quantité de biens, une petite famille, qui maintient la prière, qui perfectionne l'adoration de son Seigneur, qui obéit à son Seigneur en secret, qui est discret au milieu des gens, inconnu d'eux, dont la subsistance est minime et qui est patient envers cela. »

1 Rapporté par Muslim.

Puis, le Prophète (paix sur lui) frappa le sol de sa main et dit : « Sa mort viendra rapidement, ceux qui le pleureront seront peu nombreux et les biens qu'il laissera derrière lui seront modestes. »[1]

Ibn Mas'ud (qu'Allah l'agréé) conseillait ses compagnons en disant :

« Soyez des sources de savoir et des lanternes qui guident. Restez dans vos demeures et soyez les lumières de la nuit. Ayez des cœurs purs et soyez modestes dans votre façon de vous vêtir. Vous serez alors connus des habitants des cieux et inconnus des habitants de la terre. »

Si l'on dit : « Cela témoigne des mérites de la discrétion et du blâme de la célébrité, mais quelle célébrité est plus grande que celle des Prophètes, des imams et des savants ? »

Nous répondrons : « Il est blâmable pour une personne de rechercher la célébrité. Quant à ce qu'elle vienne d'Allah sans que la personne ne la recherche, cela n'est pas blâmable, mais elle constituera une épreuve pour le faible, à l'exemple de celui qui ne sait pas bien nager : la personne qui s'accrochera à lui se noiera en l'emportant avec elle. Quant au nageur compétent, s'accrocher à lui est une cause de survie.

1 Rapporté par Ahmad. La chaîne de transmission est faible.

Chapitre 15 : La célébrité et les biens sont les piliers de la vie d'ici-bas

Sache que la célébrité et les biens sont les piliers de ce bas monde.

La célébrité consiste à avoir une place dans le cœur des gens, à ce que les gens croient qu'une qualité suprême réside chez une personne spécifique [ce qui conduit cette personne à devenir célèbre], que ce soit dans le savoir, l'adoration, la lignée, la force, la belle apparence ou tout autre domaine dans lequel les gens pensent qu'il est possible d'exceller.

Les cœurs commencent alors à obéir à cette personne, faire son éloge, la servir et la tenir en haute estime.

Cela montre que la célébrité est naturellement plus aimée que les biens, car les biens ne sont pas attachés à une chose en particulier. Ils ne représentent plutôt qu'un moyen d'atteindre une chose désirée. La célébrité est donc plus aimée que les biens, même si les deux peuvent être aimés.

Sache que l'on peut être célèbre pour une raison louable et blâmable.

On sait qu'une personne doit posséder de l'argent pour subvenir à ses besoins en nourriture, boissons et autres choses semblables. De la même façon, il est nécessaire pour elle d'être assez connue pour faire face à ce qu'implique la vie avec les créatures.

En effet, les gens sont dans le besoin d'avoir un dirigeant qui les protège, d'un ami qui les aide et d'un servant qui les sert. L'amour envers cela n'est pas blâmable, car une telle célébrité n'est qu'un moyen d'arriver à une fin, comme l'obtention de biens par exemple.

Prendre conscience de cela permet de comprendre que les biens et la célébrité ne doivent pas être aimés en tant que tels.

Celui qui cherche à être connu pour une qualité qu'il possède en vue d'atteindre un véritable objectif, cela est permis, à l'image de Joseph (paix sur lui) lorsqu'il a dit :

« Et [Joseph] dit : «Assigne-moi les dépôts du territoire : je suis bon gardien et connaisseur». »[1]

Il est également permis de vouloir cacher un défaut afin qu'il ne nuise pas au statut que l'on a auprès des gens.

En revanche, il est interdit de chercher à être connu en faisant croire aux gens que l'on possède une qualité que l'on n'a pas telle que le savoir, l'ascétisme ou la lignée.

De même, celui qui s'applique dans sa prière devant les gens afin qu'ils pensent qu'il fait preuve d'humilité lorsqu'il prie ne cherche qu'à être vu. Or, il n'est pas permis de gagner les cœurs des gens en s'appuyant sur le faux ou de gagner des biens par la tromperie.

---

1 Sourate 12 : Joseph, verset 55

Chapitre 16 : Le remède à l'amour de la célébrité

Sache que celui dont le cœur est dominé par l'amour de la célébrité, son cœur s'est infatué du fait que les gens le voient et que lui voit les gens.

Il ne se lasse pas de les fréquenter afin d'entendre leurs paroles et de contempler leurs actes qui élèvent son statut auprès d'eux. Il s'agit d'une graine de l'hypocrisie et de la base d'une corruption. En effet, tous ceux qui cherchent à obtenir un statut dans le cœur des gens sont contraints d'être hypocrites envers eux, exposant ce dont en réalité ils sont dépourvus. Il en est qui peuvent aller jusqu'à accomplir des actes d'adoration seulement afin qu'on le voie, tombant ainsi dans l'illicite en essayant de capturer les cœurs.

En raison de cela, le **Messager d'Allah assimila la corruption de la religion causée par l'amour des biens et des rangs à deux loups affamés lâchés au milieu d'un troupeau de moutons.**[1]

Donc, l'amour de la célébrité fait partie des facteurs destructeurs qui doivent être guéris. Le remède se compose de savoir et d'actes.

---

1 Rapporté par Ahmad. *Sahih Al-Jami'*.

Quant au savoir, cela consiste à connaître la raison pour laquelle on aime la célébrité. On doit méditer sur les dangers qui tombent sur celui qui cherche la renommée en ce monde, ainsi que sur les différentes façons dont sont enviées les personnes célèbres, ce qui conduit les gens à vouloir leur nuire.

Tu les verras constamment craindre de perdre leur renommée et essayer de préserver du changement leur statut dans le cœur des gens.

Quant aux actes, cela consiste à retirer sa renommée du cœur des gens en accomplissant des actions qui conduisent à cela. Il a par exemple été rapporté qu'un roi souhaita visiter un ascète. Lorsque le roi arriva proche de lui, l'ascète lui prépara un repas et du lait, mais commença à en manger d'une manière qui fit que le roi perdit toute estime pour lui.

Lorsque Ibrahim Ibn Nakhi'i assurait son poste de juge, il portait un habit rouge et s'asseyait au marché.[1]

Sache que lorsqu'un ascète s'écarte des gens, cela conduit à ce qu'il gagne en réputation auprès d'eux. S'il craint d'en être éprouvé, il doit alors les fréquenter de manière à se protéger de cela, se rendre au marché pour acheter ce dont il a besoin et porter lui-même ses affaires afin d'éteindre son avidité envers leurs choses mondaines et d'atteindre son objectif.

Bishr Al-Hafi s'asseyait avec le vendeur de parfums.

---

1 Afin que les gens ne prêtent pas attention à lui et ne pensent pas qu'il était un savant ou un imâm.

Chapitre 17 : Craindre le blâme des gens

Sache que nombreux sont ceux qui furent détruits en raison de leur crainte d'être blâmés par les gens et de leur amour pour les éloges.

Ainsi, tous leurs actes tournaient autour du fait de plaire aux gens et d'espérer leurs éloges, tout en craignant leur blâme. Il s'agit d'un trait de caractère destructeur qu'il faut guérir. Pour cela, il convient d'examiner la qualité qui a été louée et savoir que, si elle se trouve en toi, elle est soit source de joie, comme la science ou la retenue, soit une chose qui ne mérite pas qu'on s'en réjouisse, comme la célébrité ou les biens.

Dans le premier cas, il faut craindre la mort. En effet, la crainte de la mort empêche de jouir de l'éloge. Si cependant tu t'en réjouis tout en espérant une bonne mort, alors ta joie doit être motivée par la faveur qu'Allah t'a faite en t'accordant science et piété, et non pas par les éloges des gens.

Dans le second cas, l'éloge fait en raison de la renommée et des biens, s'en réjouir est comparable à la joie éprouvée envers les plantations qui poussent de la terre et qui sèchent ensuite, puis meurent sous la forme de débris.

Personne ne se réjouit de cela excepté celui qui ne possède aucune intelligence.

Et si tu ne détiens pas cette qualité pour laquelle tu as été loué, alors ta joie pour cet éloge n'est que pure folie. Tu ne devrais pas t'en réjouir, plutôt, tu devrais la détester comme les Pieux Prédécesseurs la détestaient et te mettre en colère envers ses auteurs.

Pour guérir la crainte du blâme, il faut connaître le remède à l'amour de l'éloge, car il s'agit de son opposé.

Si celui qui te blâme est véridique dans ce qu'il dit et souhaite te conseiller, tu dois l'écouter et ne pas te mettre en colère, car il t'a offert la possibilité d'apercevoir tes mauvais côtés. Même s'il n'a pas l'intention de te conseiller, tu tireras profit de ses mots, car il t'aura informé de défauts que tu avais oubliés.

S'il t'a accusé de choses dont tu es innocent, tu dois tout de même réfléchir à trois éléments :

- Même si tu n'as pas ces défauts, tu n'es pas dépourvu de ceux qui sont similaires.
- Il s'agit d'une expiation de tes péchés
- Il a commis un crime contre sa religion et s'est exposé à la colère d'Allah.

Par conséquent, il convient que tu implores le pardon d'Allah en sa faveur. Il a en effet été rapporté qu'un homme frappa Ibrahim Ibn Adham. Ibrahim invoqua ensuite pour que l'homme soit pardonné en disant : « Grâce à lui, je me suis souvenu, donc je ne veux pas qu'il soit puni en raison de moi. ».

Chapitre 18 : L'ostentation, sa réalité, ses variantes et son blâme

L'ostentation a été blâmée dans le Livre et dans la Sounnah.

Allah a dit :

« **Malheur donc, à ceux qui prient tout en négligeant (et retardant) leur prière, qui sont pleins d'ostentation** »[1]

Et Il a dit :

« **Quiconque, donc, espère rencontrer son Seigneur, qu'il fasse de bonnes actions et qu'il n'associe dans son adoration aucun à son Seigneur.** »[2]

Quant aux ahadiths, il a été rapporté du Messager d'Allah (paix sur lui) qu'il a rapporté que son Seigneur a dit :

« **Quiconque accomplit une œuvre dans laquelle il M'associe à un autre, cette œuvre sera comptée pour l'autre et Je me désavoue de lui.** »[3]

1 Sourate 107 : L'Ustensile, versets 4 à 6
2 Sourate 18 : La Caverne, verset 110
3 Rapporté par Ibn Majah. *Sahih Ibn Majah.*

Dans un autre hadith, le Messager d'Allah (paix sur lui) a dit :

« Ce que je crains le plus pour vous est le polythéisme mineur. »

Il lui demandèrent : « Ô Messager d'Allah, qu'est-ce que le polythéisme mineur ? »

Il répondit : « L'ostentation. Allah dira à ceux qui en auront été coupables, le Jour du Jugement, lorsque les gens seront rétribués pour leurs œuvres :

« Allez vers ceux dont vous vouliez être vus en ce bas monde, trouvez-vous quelque chose en récompense auprès d'eux aujourd'hui ? » »[1]

Bishr Al-Hafi a dit : « Je préfère me servir d'un instrument de musique pour acquérir ce bas monde plutôt que de la religion. »

Sache que « Al-Riya » (l'ostentation) est dérivé de « Ru'yah » (vision), alors que « Sum'ah » (la célébrité) est dérivé de « Sama'a » (entendre).

Celui qui désire être vu cherche à obtenir ce qui se trouve auprès des gens et cela se compose de différentes catégories.

La première : l'ostentation dans la religion. Elle est de plusieurs types.

Premier type : à travers le corps, en montrant de la maigreur, afin que les gens puissent déduire un effort intense dans l'adoration qui démontre une crainte apparente pour l'au-delà. De même, afficher une chevelure hirsute afin de paraître tellement préoccupé par la religion que l'on n'a plus de

---

1 Rapporté par Ahmad. *Sahih Al-Jami'.*

temps pour s'occuper de ses cheveux et de son apparence.

Est également inclus le fait de parler d'une voix faible, d'avoir les yeux abaissés et les lèvres asséchées afin de montrer que l'on jeûne constamment. En raison de cela, Jésus fils de Marie (paix sur lui) a dit :

« Si l'un d'entre vous jeûne, il doit humidifier ses cheveux et les peigner, afin de ne pas tomber dans l'ostentation. »

Il s'agit là cependant de l'ostentation accomplie par voie du corps parmi les adeptes de la religion.

Quant aux adeptes de ce bas monde, ils font preuve d'ostentation en affichant de l'embonpoint, un teint clair, une belle apparence et de la propreté.

Deuxième type : l'ostentation accomplie à travers les vêtements, en laissant les traces de prosternations sur le visage, en portant des habits rugueux ou laineux, aux manches courtes, lourds, et en laissant les vêtements rester sales.

Est inclus également le port d'habits déchirés et bleus, ressemblant aux vêtements des soufis, alors qu'intérieurement on ne possède aucune de leurs caractéristiques.

De même, se masquer par un voile au-dessus du turban afin d'attirer le regard des gens et de se distinguer.

Ceux agissant ainsi sont de différents degrés. On trouve ceux recherchant un statut auprès des pieux en affichant leur ascétisme par leur tenue et en portant des vêtements sales, troués et rugueux.

S'il doit porter des vêtements propres et d'allure modérée à l'image des Pieux Prédécesseurs, il craint de perdre du prestige et que les gens disent à propos de lui : « Regarde, il affichait l'ascétisme et il s'est maintenant rétracté de cette voie. »

Dans un autre degré, on trouve ceux qui ont cherché à être acceptés à la fois par les pieux et par les gens de ce bas monde comme les rois, les princes et les commerçants.

En portant des vêtements onéreux, ils ne sont pas acceptés des pieux et en portant des vêtements rapiécés, ils sont méprisés par les rois et les gens aisés. Ils ont donc voulu réunir l'acceptation des adeptes de la religion et des adeptes de ce bas monde. Ils se sont alors vêtus d'habits raffinés conçus à partir de tissus onéreux. Le vêtement le moins cher qu'ils possèdent équivaut à ce que le riche porte. En revanche, les couleurs et les formes sont celles habituellement portées par les pieux. Tout cela afin d'être acceptés des deux groupes.

Si de telles personnes devaient porter des vêtements rugueux, elles le vivraient comme si elles devaient être égorgées. En effet, elles craindraient de perdre la reconnaissance des rois et des riches. En revanche, si on leur imposait de porter des vêtements raffinés et luxueux, elles craindraient de perdre leur rang auprès des pieux.

Quant aux adeptes de la vie d'ici-bas, ils affichent ouvertement une certaine image afin d'être vus. Ils exposent des vêtements luxueux, une belle monture, différents types de parures en matière de vêtements, de demeures ou d'ameublement. Pourtant, une fois chez eux, ils se vêtissent d'habits rêches. Ils sont donc contraints d'exposer cette image, car ils souhaitent qu'on les remarque.

Troisième type : l'ostentation par la parole. Ce type d'ostentation se manifeste chez les adeptes de la religion à travers la réprimande, le rappel, l'exposition de récits et de hadiths. Le but ici étant d'afficher de l'éloquence, du savoir et de prouver l'importance que l'on accorde aux Pieux Prédécesseurs. Ajoutons aussi le fait de bouger les lèvres en prononçant des formules de rappel lorsque les gens sont présents, exprimer de la colère envers le mal répandu parmi les gens, abaisser la voix lors de la récitation du Coran pour exprimer de la crainte, de la tristesse et d'autres choses similaires.

Quant aux adeptes de ce bas monde, ils affichent leurs mémorisations de poèmes et de paraboles, leur maitrise de l'éloquence et d'autres choses semblables.

Quatrième type : l'ostentation par les actes, à l'image de celui qui allonge sa prière, prolonge ses inclinaisons et prosternations, exprime le fait qu'il soit concentré, etc.

De même, il affiche son jeûne, ses combats, ses pèlerinages, ses aumônes et autres.

Quant aux adeptes de ce monde, leur ostentation se manifeste à travers leur vanité, leur arrogance, leurs manières pompeuses de bouger les mains et d'autres choses, tout cela afin d'indiquer leur importance.

Cinquième type : souhaiter être vu en tant que personne fréquentant les savants et les dévots, afin qu'il soit dit : « untel visite untel et untel, et les pieux affluent autour de lui et voient de la "barakah" en lui ».

Ce cas est similaire à celui qui souhaite être vu en compagnie de nombreux savants afin qu'on dise : « Il a rencontré de nombreux érudits » et « Il a profité de la compagnie des savants ». Tout cela afin de se distinguer et d'obtenir renommée et statut dans le cœur des pieux.

Sont inclus parmi eux ceux cherchant la célébrité. Combien de dévots se sont retirés dans les montagnes, combien de moines ont pris retraite dans les monastères, et qui, malgré leur volonté de renoncer à convoiter les biens des autres, ont tout de même désiré la célébrité. Certains d'entre eux ont recherché les biens, et d'autres les éloges et la célébrité.

Si l'ont dit : « L'ostentation est-elle interdite, détestable ou permise ? »

La réponse est que cette question doit être détaillée. L'ostentation se réalise soit à travers les actes d'adorations, soit à travers autre que cela.

Si l'ostentation est commise à travers les actes d'adoration, alors cela est interdit.

Celui qui ne cherche qu'à être vu pour sa prière, son aumône et son pèlerinage est désobéissant et pécheur, car il a visé autre qu'Allah, qui Lui seul mérite l'adoration. Ce type de gens qui n'aspirent qu'à être vus encourent la colère d'Allah.

Si l'ostentation concerne autre chose qu'un acte d'adoration, à l'exemple de l'accumulation des biens, de la recherche de statut et de renommée dans le cœur des gens, alors cela n'est pas interdit si c'est accompli avec des moyens qui ne sont pas illicites.

Tout comme il est louable que la personne gagne ce dont elle a besoin en matière de biens, la même chose s'applique avec la renommée. C'est d'ailleurs ce qu'a recherché Joseph (paix sur lui) lorsqu'il a dit :

« Assigne-moi la gestion des récoltes : je suis bon gardien et connaisseur »[1]

Nous ne disons pas que la célébrité est interdite, même à grande échelle, sauf si elle conduit une personne à ce qui n'est pas permis, comme nous l'avons mentionné.

Quant au fait de gagner en célébrité sans désespérément la rechercher, et sans éprouver de la tristesse lorsqu'elle disparait, alors il n'y a aucun mal en cela.

En effet, il n'y a pas de célébrité plus grande que celle du Messager d'Allah (paix sur lui) et des savants de la religion. En revanche, rechercher la célébrité démontre une lacune dans la religion, mais on ne peut pas affirmer que cela soit interdit.

De même, porter de beaux vêtements lorsque l'on sort à la rencontre des gens, afin d'être vu par eux, ainsi que toute autre forme d'embellissement, ne peut pas être considéré comme étant « interdit ».

Les objectifs visés par cela peuvent varier. En effet, la plupart des gens n'apprécient pas d'être vus de manière méprisante.

D'après Ibn Mas'ud, le Prophète (paix sur lui) a dit :

« Quiconque détient le poids d'un grain de moutarde d'orgueil dans le cœur n'entrera pas au Paradis. »
Un homme demanda : « Qu'en est-il de celui qui porte de beaux vêtements et de belles sandales ? »
Le Prophète (paix sur lui) répondit :

---

1 Sourate Joseph, verset 55

« Allah est Beau et aime la beauté. L'orgueil consiste à rejeter la vérité et à mépriser les gens. »[1]

Certains aiment afficher les bienfaits d'Allah sur eux, et le Messager d'Allah (paix sur lui) nous a appris à faire cela.

Sache que certains types d'ostentation sont plus graves que d'autres et qu'il existe différents degrés.

Premier degré : le pire est lorsque l'intention à travers l'adoration n'est pas seulement d'être récompensé, à l'exemple de celui qui prie lorsque les gens sont autour, mais ne prie pas lorsqu'il est seul.

Deuxième degré : chercher une récompense à travers l'ostentation, mais avec une faible intention, de sorte que si l'auteur avait été seul il ne l'aurait pas fait. Cela est proche du premier degré, car ces deux attitudes sont détestées par Allah.

Troisième degré : viser à la fois l'ostentation et la récompense. Cela corrompt autant que cela corrige.

Quatrième degré : celui concerné par ce degré renforce ses adorations lorsque les gens le regardent, mais ne les délaissent pas en leur absence. Celui qui agit comme cela est récompensé pour sa bonne intention et châtié pour sa mauvaise. On peut citer l'exemple de celui qui prie en raccourcissant ses inclinaisons, ses prosternations et sa récitation, mais lorsque les gens le voient, il s'applique afin qu'ils aient une bonne opinion de lui. Il s'agit aussi d'une ostentation interdite. Elle implique l'admiration intérieure des gens. Elle est toutefois moindre que l'ostentation concernant les fondements des adorations.

---

1 Rapporté par Muslim

Chapitre 19 : L'ostentation est moins visible qu'une araignée noire

Sache qu'il existe une ostentation claire et une ostentation cachée.

L'ostentation claire est celle qui motive l'acte.

Il existe toutefois un autre type d'ostentation plus subtile que celui que l'on vient de mentionner.

Elle ne motive pas l'homme à agir, mais elle peut diminuer la valeur d'une œuvre qu'il avait pour intention de dédier à Allah seul. C'est le cas de celui qui a l'habitude d'accomplir la prière nocturne, mais qui, lorsqu'il reçoit un invité, devient laxiste.

Il existe un type d'ostentation encore plus caché qui n'affecte ni la motivation de l'homme à agir, ni ne lui rend l'œuvre plus facile à accomplir. Cette ostentation est toutefois enracinée dans son cœur.

Le serviteur d'Allah peut être sincère dans son œuvre, et ne pas viser l'ostentation, voire même la détester, mais lorsque les gens découvrent ses bonnes œuvres secrètes, il aime cela et cela encourage son cœur à l'adoration.

Cette joie ressentie démontre une ostentation cachée. S'il n'avait pas su que les gens ont découvert ses œuvres, il n'aurait pas développé cette joie.

Le fait qu'une personne en sache autant à son sujet lui apporte du bonheur et le réjouit. Il ne combat pas ces sentiments par du dédain, mais plutôt, il agit de manière discrète afin que l'on prenne connaissance de ses œuvres.

Plus subtile encore est l'ostentation qui apparaît chez un homme qui ne souhaite pas que les gens soient au courant de ses adorations, mais qui aime que les gens l'estiment et l'honorent lorsqu'ils le rencontrent, cela afin qu'ils répondent à ses besoins, le traitent bien et lui fassent place.

S'ils n'agissent pas de cette manière envers lui, il en devient perturbé, comme si son âme ressentait qu'elle mérite d'être honorée pour ses adorations cachées.

Aussi longtemps que la présence ou l'absence d'adorations sont influencées par les gens, elles ne seront pas libres de l'ostentation cachée. Tout cela est susceptible de réduire la récompense et seuls les véridiques en sont à l'abri.

Nous avons rapporté, d'après Wahb Ibn Munabbih, qu'un dévot a dit à son compagnon :

« Nous avons délaissé les biens, la propriété et les enfants par crainte de transgresser. Pourtant, nous craignons de tomber dans pire que cela : aimer l'éloge fait pour notre religion lorsque nous rencontrons les gens, utiliser notre statut religieux pour que l'on réponde à nos besoins, aimer que l'on nous baisse le prix lorsque nous achetons par égard pour notre statut religieux. »

Les véridiques n'ont cessé de craindre l'ostentation cachée. Ils se sont efforcés de duper les gens par rapport à leurs bonnes œuvres, prenant soin de les cacher plus encore que les gens cachent leurs immoralités. Tout cela dans le but d'être sincères envers Allah dans leurs œuvres afin qu'Il les récompense le Jour du Jugement.

Les branches de l'ostentation cachée sont nombreuses et ne peuvent être restreintes. Celui qui sent en lui une différence lorsque les gens découvrent ses adorations est touché par une des branches de l'ostentation. En revanche, toutes les branches n'annulent pas la récompense ni n'invalident l'acte. Il convient plutôt de détailler ce sujet.

Donc si l'on dit : « Tu ne trouveras personne qui ne se réjouit pas du fait que ses œuvres soient connues, donc tout cela est-il à blâmer ? »

La réponse est : la joie se divise entre ce qui est louable et ce qui est blâmable.

Ce qui est louable est que l'homme veuille cacher ses adorations et sa sincérité envers Allah, et si les gens prennent connaissance de ses actes, il sait que c'est Allah qui a fait qu'ils les découvrent et qui leur a exposé la beauté de sa condition.

Il se réjouit alors de cela, car ses péchés ont également été cachés par Allah. Sa joie est donc due à cette raison et non pas au fait d'obtenir les éloges des gens ou un statut dans leurs cœurs. Si ses péchés sont cachés ici-bas, ils le seront également dans l'au-delà, comme le mentionne le hadith.[1]

---

1 Le Prophète (paix sur lui) a dit : « **Allah ne dissimule pas le péché d'un serviteur ici-bas sans qu'Il ne le cache le Jour du Jugement.** ». Rapporté par Muslim.

Donc s'il est dit : « Qu'en est-il du hadith rapporté par Abu Hurayrah (qu'Allah l'agréé) qui a dit :

« Un homme a dit : « Ô Messager d'Allah, un homme accomplit une œuvre en secret et lorsque les gens l'apprennent, il aime cela. »

Le Prophète (paix sur lui) répondit : « Il obtient deux récompenses : une pour l'avoir accomplie en secret et une pour sa divulgation. » »[1]

La réponse à cela est que le hadith est faible. Il a été rapporté par Al-Tirmidhi.

Certains gens de sciences l'ont expliqué en disant que ce qui plaisait à cet homme était que les gens le mentionnent en bien.

Abu Dharr (qu'Allah l'agréé) a dit :
« Il a été demandé :
« Ô Messager d'Allah, que penses-tu du fait qu'un homme accomplisse une bonne œuvre et que les gens fassent son éloge pour cela ? »
Le Prophète (paix sur lui) répondit : « Il s'agit d'une bonne annonce faite croyant. » »[2]

En revanche, s'il se réjouit du fait que les gens le connaissent en bien et l'honorent pour cela, alors il s'agit d'ostentation.

1 *Da'if Al-Jami'*. La chaîne de transmission du hadith est faible.
2 Rapporté par Muslim

Chapitre 20 : L'ostentation qui invalide les œuvres et celle qui ne les invalide pas

Si l'ostentation se présente au serviteur, elle apparaît soit avant, soit après l'accomplissement de l'acte.

Si après l'accomplissement de l'acte, une joie apparente survient sans attirer l'attention sur soi, alors cela n'invalide pas l'œuvre. En effet, il se peut que le serviteur ait accompli l'acte avec sincérité, peu importe ce qui se soit passé ensuite [en matière d'ostentation], surtout s'il n'a pas rendu l'œuvre apparente ni n'en a parlé.

En revanche, s'il en a parlé après l'avoir accompli ou l'a rendue apparente, alors c'est cela qui est à craindre.

La plupart du temps, l'ostentation apparaîtra dans son cœur au départ de l'œuvre. S'il en est exempt, sa récompense diminuera quand même, car il existe soixante-dix degrés entre l'œuvre secrète et l'œuvre publique.

Si l'ostentation apparaît avant la fin de l'accomplissement de l'adoration, à l'exemple d'une prière qu'il a débutée avec sincérité, alors l'œuvre n'est pas affectée s'il s'agit d'une simple joie.

En revanche, si l'ostentation est la source de motivation de l'acte, comme l'allongement de la prière afin que les gens le voient, alors sa récompense est annulée.

Quant à ce qui accompagne l'adoration, à l'exemple d'une prière qu'il débute avec pour intention l'ostentation et qu'il la complète sur la base de cela, il doit la renouveler, même s'il a éprouvé du regret à ce sujet, et Allah sait mieux.

Chapitre 21 :
Le remède à l'ostentation et la manière d'en soigner le cœur

Tu sais désormais que l'ostentation annule les œuvres. La raison à cela est qu'elle est détestée d'Allah, car elle fait partie des caractéristiques destructrices. Il est nécessaire de s'efforcer sans relâche de l'éliminer.

Son remède se compose de deux étapes : la déraciner à partir de sa base et la repousser dès son apparition.

Première étape : sache que le fondement de l'ostentation est l'amour de la renommée et du rang.

Lorsque l'on examine cela en détail, on en revient à trois facteurs : aimer le plaisir suscité par l'éloge, fuir la douleur du blâme et convoiter ce que possèdent les gens.

Ce qui est rapporté dans les deux *Sahihs* par Abu Moussa (qu'Allah l'agréé) témoigne de cela. Il a dit :

« Un homme interrogea le Prophète (paix sur lui) :
« Ô Messager d'Allah, un homme combat afin qu'on dise de lui qu'il est brave, un autre par fierté et un autre par ostentation. Lequel d'entre eux combat dans le Sentier d'Allah ? »
Le Prophète (paix sur lui) répondit :

« Celui qui combat pour que la Parole d'Allah soit la plus haute est celui qui aura combattu dans le Sentier d'Allah. » »[1]

On peut ne pas désirer l'éloge, mais détester le blâme à l'image du lâche au milieu des braves : il reste et ne s'enfuit pas afin de ne pas être blâmé.

De même, une personne peut donner un avis religieux sans science, seulement afin de ne pas être taxée d'ignorante.

Ces trois facteurs sont à la base de l'ostentation. Le remède consiste à ne viser une chose que si l'on pense qu'elle est bonne et bénéfique pour soi, tout de suite ou plus tard.

Si l'on pense qu'elle est profitable dans l'immédiat, mais nocive à long terme, il sera facile de s'en écarter, à l'image de celui qui sait que le miel est délicieux, mais pour qui il est clair qu'il contient un poison et qui donc en reste éloigné.

Il est également nécessaire de connaître les préjudices causés par l'ostentation, la manière dont elle entre en conflit avec la rectification du cœur, affecte le rang de sa victime dans l'au-delà et conduit au châtiment et au déshonneur. Elle s'accompagne de la préoccupation de l'avis des gens et de les satisfaire. Or, peu importe la joie d'un groupe de gens au sujet d'une personne, il existera toujours un autre groupe qui ne sera jamais satisfait.

Quiconque recherche la satisfaction des gens à travers ce qui met Allah en colère, Allah se mettra en colère contre lui.

De plus, quelle est l'utilité de leurs éloges s'il encourt la

1 Rapporté par Al-Boukhari & Muslim.

colère d'Allah ?

Leurs éloges ni n'augmentent sa subsistance ni son temps. Elles ne lui seront d'aucune aide le jour de sa pauvreté.

De même, leurs blâmes ne lui nuisent en rien, ni ne hâtent une quelconque récompense, ni ne retardent la subsistance.

Leurs éloges ne lui ajoutent ni pouvoir ni récompense. Ils ne possèdent ni la capacité de donner la vie ni celle de donner la mort.

Quant à la convoitise de ce que possèdent les gens, il s'en débarrasse en sachant qu'Allah est Celui qui soumet les cœurs en retenant et en donnant, et qu'Il n'existe nul pourvoyeur en dehors de Lui.

Celui qui convoite ce que les gens désirent aura exposé sa personne au déshonneur et à l'humiliation. Comment donc peut-on délaisser ce qui est auprès d'Allah en échange d'un espoir vain ?

Parmi les remèdes bénéfiques se trouve le fait de cacher ses adorations. Il n'existe aucun remède à l'ostentation équivalent à cela. Cet effort est difficile au début, mais en faisant preuve de patience, le poids de l'adoration sera allégé et Allah étendra Son aide sur lui. Donc, il est nécessaire de faire des efforts.

Deuxième étape : empêcher l'ostentation dans les adorations en retirant ses racines du cœur et en méprisant les éloges des gens.

Le diable ne s'en va pas durant l'accomplissement de l'adoration. Il y introduit plutôt subtilement les étapes vers l'ostentation.

Chapitre 22 : La permission d'afficher les adorations et de cacher les péchés

Quant à la permission [d'afficher les adorations], sache que la dissimulation des œuvres contient le profit de la sincérité et la préservation de l'ostentation, et le fait de les exposer encourage les gens à accomplir le bien.

Parmi les œuvres qu'il est impossible de garder secrètes se trouvent le pèlerinage et le djihad.

Celui qui affiche ses œuvres doit préserver son cœur afin qu'il ne contienne par d'amour pour l'ostentation cachée, et il doit avoir l'intention d'être un exemple.

Il ne convient pas que celui qui est faible soit trompé par cela. En effet, il serait à l'image de celui qui se noie, qui est un mauvais nageur, et qui est suivi dans la noyade par d'autres qui ont pensé qu'il était un bon nageur. Au final, tous finissent noyés.

Quant à celui qui est fort et dont la sincérité est complète, les gens seront insignifiants à ses yeux et leurs éloges et critiques seront égaux pour lui. Il n'y a aucun mal, pour ce genre de personne, d'afficher ses adorations, car l'appel au bien est en soi un acte de bien.

Il a été rapporté que des Pieux Prédécesseurs affichaient certaines de leurs nobles habitudes afin d'être suivis en cela.

Quant à la permission de cacher les péchés, certains pourraient penser qu'il s'agit d'ostentation alors que ce n'est pas le cas.

Si le sincère qui n'a pas l'habitude de se mettre en avant commet un péché, il doit le dissimuler, car Allah déteste l'exposition des péchés et aime qu'ils soient dissimulés.

Il a été rapporté que le Prophète (paix sur lui) a dit :

« Celui qui commet un péché doit le cacher avec le voile d'Allah. »[1]

Lorsqu'une telle personne commet un péché, son amour pour Allah ne quitte pas son cœur. Cela provient de la force de la foi. Il doit détester que les autres affichent leurs péchés, c'est là l'effet de sa sincérité.

Fait partie également de ces effets le fait qu'il puisse ne pas apprécier d'être critiqué, mais seulement car cela distrait son cœur de l'obéissance à Allah, et à cause du fait que, par nature, les gens sont heurtés par la critique.

En revanche, il doit de la même manière ne pas apprécier l'éloge, car elle distrait également du rappel d'Allah. Cela indiquera aussi la force de sa foi.

---

1 Rapporté par Al-Bayhaqi avec une bonne chaîne de transmission.

Chapitre 23 : Abandonner les adorations par peur de l'ostentation

Quant à délaisser les adorations par peur de l'ostentation, alors que la raison à cela est due à l'obéissance à autre que la religion, alors cela doit être ignoré, car il s'agit en réalité d'un péché.

En revanche, si le motif est fondé sur la religion, et par sincérité envers Allah, alors il est inapproprié d'abandonner l'œuvre, car sa cause est religieuse.

Si un quelconque aspect de ces adorations est dédié à se montrer, alors cet aspect fait partie des ruses du diable.

Ibrahim Al-Nakha'i a dit : « Si le diable vient à toi pendant la prière et qu'il te dit : « Tu pries pour te montrer », alors allonge ta prière. »

Quant à ce qui a été rapporté de certains Pieux Prédécesseurs concernant le fait qu'ils délaissaient une adoration par peur de l'ostentation, cela arrivait quand leurs âmes ressentaient un quelconque embellissement dans l'acte. Il mettait alors fin à l'œuvre.

Chapitre 24 : Ce qui est permis dans l'adoration à la vue d'autrui

Il se peut qu'un homme reste debout pendant presque toute la nuit avec ceux qui prient la prière nocturne, alors que son habitude est de prier une heure seulement. Pourtant, il suit les autres et s'ils jeûnent, il jeûne aussi alors qu'en leur absence il ne l'aurait pas fait.

On pourrait penser qu'il s'agit d'ostentation, alors qu'en réalité pas du tout. Il convient plutôt de détailler cette question.

Chaque croyant désire accomplir des adorations, mais certains obstacles peuvent le distraire jusqu'à ce qu'il devienne insouciant. En revanche, il se peut qu'à la vue d'autrui, son insouciance disparaisse, ainsi que les distractions qui l'accompagnent.

Celui qui est confortablement allongé chez lui sur son lit en compagnie de son épouse [et donc distrait de l'adoration] ne sera pas dans le même état d'esprit s'il était allongé dans un endroit étrange. Ces distractions disparaitraient et il serait motivé à œuvrer, de la même façon qu'à la vue des pieux.

Voilà donc les dangers de l'ostentation. Sois conscient

d'eux et examine ton intention, car l'ostentation est plus cachée qu'une araignée noire.

Le fidèle doit également s'assurer que son cœur est attaché à la satisfaction de la Connaissance d'Allah dans toutes ses adorations.

Celui qui craint Allah et espère en Lui est le seul qui se satisfait de cela. Il ne doit pas désespérer à cause du fait de ne pas être sincère, ni dire des choses comme : « Seuls les forts sont capables d'être sincères, mais je ne suis pas d'entre eux ». De tels propos et émotions le conduiront à abandonner ses efforts vers l'obtention de la sincérité.

Ibrahim Ibn Adham a dit : « J'ai appris la véritable compréhension d'un moine appelé Siméon. Je me rendis à son monastère et lui dis :

« Depuis quand es-tu là ? »

Il répondit : « Soixante-dix ans. »

Je dis : « Que manges-tu ? »

Il répondit : « Un pois chiche chaque soir. »

Je dis : « Quels besoins ont été retirés de ton cœur pour que tu te suffises d'une telle quantité de nourriture ? »

Il dit : « Vois-tu ce monastère à côté de toi ? »

Je répondis : « Oui. »

Il dit : « Chaque année, des gens le décorent et tournent autour, me glorifiant par cela. Donc, chaque fois que l'adoration me devient lourde, je me rappelle de l'honneur de ce moment. Je lutte toute une année pour l'honneur d'une heure. Quant à toi Ô homme de bien, lutte pour une heure en échange de l'honneur éternel. »

La véritable compréhension s'établit alors dans mon cœur.

Siméon dit ensuite : « Vais-je t'apprendre plus encore ? »

Je répondis : « Oui. »

Il dit : « Descends de cet ermitage. »

Je descendis et il me tendit un récipient contenant vingt pois chiches puis me dit :

« Rentre dans le monastère. »

Lorsque j'y entrai, des chrétiens étaient réunis. Ils me dirent : « Ô homme de bien, que t'a donné le vieil homme ? »

Je répondis : « Une partie de sa subsistance. »

Ils dirent : « Que fais-tu avec ? Nous avons en réalité plus de droits sur cela, donc quel est ton prix ? »

Je répondis : « Vingt dinars. »

Ils me donnèrent alors vingt dinars et je revins auprès du moine.

Il me dit : « Tu as commis une erreur, car si tu avais demandé vingt-mille dinars, ils te les auraient donnés. Voilà l'honneur fait à celui qui ne L'adore pas. Réfléchis donc à la gloire de celui qui L'adore Ô homme de bien. Va donc adorer ton Seigneur. »

Ceci montre que ressentir l'honneur d'être révéré dans les cœurs incite à s'isoler, car il s'agit d'un immense danger.

Le signe que l'on est libre de cela apparaît lorsqu'on considère les hommes et les bêtes au même niveau, et que l'on œuvre comme celui qui est seul sur terre. Si une quelconque pensée faible traverse son esprit, Allah les repousse.

Et Allah est plus savant.

Nos autres éditions

100 Trésors de l'Islam : principes du Coran et de la Sunna pour une vie meilleure — Samir Doudouch

La Guérison des Âmes — Ibn Al-Jawzi

Les Bienfaits de l'Épreuve — Al 'Izz ibn 'Abd Al-Salam & Ibn Al-Qayyim

Le Réveil des Cœurs — Ibn Al-Jawzi

Tafsir Sourate Al-Fatiha — Ibn Al-Qayyim & d'autres

Le Livre de L'Amour — Ibn Taymiyya

La Piété envers les Parents — Ibn Al-Jawzi

Le Livre du Comportement — Ibn Qudamah

Le Bonheur Véritable – Ibn Al-Qayyim